www.ingramcontent.com/pod-product-compliance
Lightning Source LLC
Chambersburg PA
CBHW071534220526
45469CB00003B/774

* 9 7 8 1 7 2 4 7 3 3 0 5 4 *